L^{27}_n 14070.

NOTICE NÉCROLOGIQUE

SUR

AUGUSTE MÉTAIRIE

Chevalier de la Légion-d'Honneur, Conseiller à la Cour
impériale de Bourges, membre et secrétaire du Conseil
général de la Nièvre

PAR

M. JULES TURQUET

CONSEILLER A LA COUR IMPÉRIALE D'ANGERS

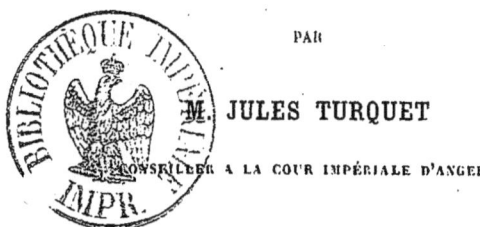

ANGERS

IMPRIMERIE DE COSNIER ET LACHÈSE

Chaussée Saint-Pierre, 13

1859

Tous les bruits cessent avec la vie, a-t-on dit quelque part, et c'est la condition de l'humanité, que le même silence, après quelques jours, environne la tombe de l'homme dont la vie a été pleine d'enseignements utiles, féconde en exemples de vertu, de courage et de dignité, comme celle du citoyen obscur, dont les jours se sont écoulés sans gloire et sans profit pour ses semblables, désolant niveau contre lequel protestent en vain, si ce n'est par exception, le culte du souvenir et les regrets de l'affection.

C'est à peine si quelques mois se sont passés depuis qu'a disparu du sein de la société dont il avait été un modèle irréprochable, Auguste Métairie, l'un des enfants de la Nièvre, qui, lui aussi, a apporté sa part d'honorabilité personnelle à son pays, et voici que sa tombe, si voisine de celle de Philippe Dupin, va devenir muette comme elle, comme toutes les choses du passé, qui sont étouffées au souffle dévorant des agitations de la vie actuelle et des anxieuses préoccupations de l'avenir.

Et cependant plus d'une bouche éloquente a rappelé les droits de Métairie au souvenir de ses collègues, au respect de ses concitoyens, et plus d'un écho sympathique a répondu à ces regrets dont l'expression est encore vibrante.

En venant après tant d'hommes éminents et sans autre titre que celui de son disciple et son ami, apporter, comme l'ouvrier de la dernière heure, mon humble tribut à la glorification de sa mémoire, j'oublie le danger de la comparaison pour ne songer qu'au besoin de mon cœur.

Puisse ma parole, en retraçant quelques traits d'une vie si bien remplie, être pour ceux qui l'ont connu, c'est-à-dire qui l'ont aimé, la fidèle image de ses grandes qualités et de ses mérites exceptionnels.

Integer vitæ.

Jean-Auguste Métairie, né à Arthel le 8 juillet 1800, appartenait à une de ces familles de bonne bourgeoisie, adonnées spécialement aux soins intéressants de l'agriculture, et qui vivant modestement dans leurs héritages paternels, n'avaient pris qu'une part réservée aux mouvements qui avaient signalé la fin du siècle dernier, tout en comprenant et acceptant les bienfaits de l'émancipation civile et politique qui en avait été la conséquence.

Envoyé très jeune dans nos écoles publiques, là où naissent et se développent les aptitudes qui influent sur la vie entière, Métairie suivit et termina avec succès le cours de ses études au lycée de Bourges, d'où sont sortis, à des époques à peu près contemporaines, les Artaud, les Watteville, les deux frères Raynal, les Garnier-Pagès, les Paillard de Villeneuve, les Sandeau, et au premier rang, parmi tant d'autres, alors comme aujourd'hui, un savant ministre (1) revendiqué par plusieurs écoles, comme cela se voit des illustres, et qui tous, dans des situations diverses, mais toujours éminentes, ont soutenu et soutiennent encore avec une brillante solidarité la réputation du vieux collége.

Avocat, à 22 ans, Métairie comprit qu'il y avait pour

(1) Son Excellence M. Delangle.

lui autre chose à faire que d'attendre des causes qui viennent peu s'offrir aux présomptions de l'inexpérience, ou de perdre dans la dissipation d'une vie inoccupée, les plus belles années de la jeunesse, celles destinées à compléter et à mûrir l'homme, et au lieu de céder, comme il arrive aujourd'hui de tant de fils de famille, à l'entraînemement de l'exemple et aux séductions trop faciles d'une fortune indépendante, on le vit s'enfermer courageusement dans les études poudreuses et souvent privées d'air, où l'on s'adonne peu aux raffinements de la vie mondaine, mais où l'on apprend sérieusement les affaires; c'est là qu'il se consacra pendant quatre années à ce que l'on nomme au palais la construction du dossier, et fit l'apprentissage de cette science de la procédure qui a formé la plupart des célébrités du barreau, cette science que dédaignait Montesquieu, en confessant qu'il y comprenait peu de chose, et sans laquelle pourtant les maîtres les plus consommés de la parole reconnaissent parfois leur insuffisance.

Aussi, lorsqu'entraîné par les aspirations de son esprit studieux et élevé, Métairie accepta en 1831, les fonctions de substitut dans un parquet de province qui le rapprochait de son pays natal, les difficultés les plus imprévues qui embarrassent souvent la marche des affaires et arrêtent les inexpérimentés aux préliminaires de l'instruction, ces difficultés inextricables pour les magistrats qui n'ont pas subi les épreuves du palais, le trouvèrent-elles toujours prêt, et jamais une affaire entamée en sa présence ne dut être renvoyée au lendemain pour recevoir la consécration de sa parole toujours simple, correcte, décisive comme les principes dont un examen sérieux, aidé de la plus heureuse organisation, le faisaient l'écho fidèle et intelligent.

En même temps que Métairie et au même siége, celui de Nevers, se faisait remarquer sur les bancs du ministère public un jeune magistrat (1) qui, lui aussi, avait choisi cette noble carrière, moins encore pour l'appât de la considération, la seule rétribution appréciable que l'Etat donne à la magistrature, que par une sorte de vocation et d'apostolat judiciaire, et pour se vouer au triomphe de la vérité et des grands principes qui font le salut des sociétés, comme dans un autre sacerdoce, on se consacre au triomphe de la foi et de l'Evangile, dans l'intérêt des vérités éternelles.

Ces rapports de goût, de caractère et d'études, ne tardèrent pas à cimenter entre ces deux jeunes hommes également distingués, une amitié sincère qui devait, comme aux temps antiques, ne prendre fin qu'à la mort.

C'est une rare prérogative et que l'on ne rencontre que dans les natures d'élite, que celle qui, tout en donnant l'essor à une généreuse émulation, ne laisse aucune prise à l'aiguillon de la rivalité, trop souvent apanage de l'infirmité humaine. Telle était la situation que s'étaient faite ces deux nobles cœurs; telle était leur abnégation personnelle que chacun d'eux se complaisait dans les succès de l'autre.

Qu'auraient-ils eu, en effet, à s'envier en marchant

---

(1) M. Robert de Chennevière, aujourd'hui procureur-général près la Cour impériale de Bourges.

parallèlement, dans cette voie honorable? Tous deux ne se recommandaient-ils pas à la sympathie générale par un mérite tout distinct? Et si dans cette noble lutte de la parole, Métairie savait se communiquer à son auditoire par la clarté et la netteté de ses déductions sobres et logiques qui laissaient peu de prise à l'objection, ne savait-on pas que son brillant collègue, improvisant mieux qu'on n'écrit, faisait oublier l'aridité de son sujet par la richesse et la grâce d'une élocution tout isocratique.

Il serait trop long d'énumérer les glorieuses traditions qu'avaient laissées pendant leur court passage au parquet de Nevers ces deux jeunes talents, presque maîtres dès les premiers pas qu'ils avaient faits dans la carrière. Il suffira de dire ce que plusieurs années après on répétait encore en les citant aux nouveaux venus : « C'est que leur héritage était un lourd fardeau pour leurs successeurs » et ajoutons que l'on ne vit refleurir le beau temps du ministère public à ce siége important, que du jour où Métairie revint y prendre le premier rang, apportant alors toute la maturité d'un talent qui avait jeté tant d'éclat à ses débuts.

Après quelques années si bien remplies par cette fructueuse et fraternelle collaboration, les deux substituts furent appelés à des fonctions supérieures, qui étaient moins une récompense que la constatation de leur valeur personnelle.

Cette séparation, qui devait durer si longtemps, ne se fit pas sans de vifs et mutuels regrets; mais il n'appartient pas à l'homme de régler sa destinée, et il fut ordonné à l'un des amis d'aller attendre, au chef-lieu du ressort et sous les yeux de la Cour, l'hermine que lui réservaient son talent, un caractère éprouvé et la fortune, pendant que Métairie, qu'attiraient vers un but plus modeste les aspirations exaucées du bonheur domestique, allait cacher un mérite de premier ordre dans les fonctions moins brillantes, mais éminemment utiles, de procureur du roi près le tribunal de première instance de Clamecy.

C'est là que nous le verrons durant quinze années justifier et dépasser ce qu'il avait promis, et donner la mesure, par le bien qu'il a fait en ce pays, de tout ce qu'il a depuis réalisé dans une situation plus élevée, et aurait pu accomplir encore si la mort ne fût venue interrompre cette carrière si pleine d'avenir.

A quelque point de vue que nous interrogions ses actes et sa vie pendant cette longue période, et soit qu'il vaque aux paisibles travaux de l'audience ou s'applique aux soins plus délicats de l'administration du parquet, soit qu'il descende sur la place publique pour faire face à l'émeute, ou que laissant reposer pendant quelques moments l'action de son grave ministère, quand le calme est rentré dans la cité, il vienne s'asseoir aux conseils d'administration de la commune ou des établissements de bienfaisance et d'utilité publique, et y apporte avec le poids de sa haute raison l'esprit d'ordre et d'économie sans lequel la charité ne saurait s'étendre et devenir efficace; soit que rentré au foyer de la famille où l'attendent, après de grandes joies, les douleurs les plus poignantes que la Providence puisse envoyer au cœur d'un père, il voye sortir de sa maison, l'un après l'autre, à huit jours de distance, les deux cercueils de ses premiers-nés, et puise dans son courage la force de consoler une mère ; au milieu de toutes ces épreuves, nous trouvons dans Métairie un modèle accompli de l'homme privé comme de l'homme public.

La notoriété attachée à la résidence de Clamecy, notoriété si malheureusement justifiée par les mouvements populaires qui ont toujours agité ce pays depuis la première révolution jusque dans les derniers temps qui ont précédé la seconde inauguration de l'empire, expliqueraient déjà l'importance du poste confié à Métairie, si d'ailleurs cette importance n'était constatée par la nature même et l'étendue des affaires qui sont la fortune de cet arrondissement, l'esprit de la population et le nombre considérable des ateliers où s'agitent, comme dans des ruches bruyantes, des milliers d'ouvriers occupés de l'approvisionnement de Paris.

Jusque-là le jeune magistrat avait fait ses preuves d'aptitude incontestable dans la discussion des affaires civiles, on avait applaudi à la lucide concision et à la vigoureuse logique de son argumentation dans les débats des procès criminels, mais il allait bientôt montrer au milieu des soins divers que réclamait sa nouvelle position, qu'à la judicieuse mais ferme initiative d'un officier de parquet consommé, il savait allier les précieuses et rares qualités qui révèlent le véritable administrateur.

Ce n'est pas une médiocre responsabilité que celle qui pèse, même dans les jours de calme, sur un chef de parquet qui, puisant ses devoirs dans les nécessités impérieuses de la loi et de la justice, doit savoir au besoin en tempérer les rigueurs par la forme protectrice d'un examen sérieux et modéré. Qu'est-ce donc pour celui qui est investi de ces austères fonctions au milieu d'une population naturellement turbulente et facile à émouvoir, quand les temps sont difficiles, que les lois sont faibles, ou ce qui est le pire des maux, en partie inexécutées, que les liens d'autorité se relâchent, que la critique des choses et des hommes dégénérant en affirmations malveillantes et controuvées, est encore encouragée par l'impunité ou les faciles tendances d'un gouvernement trop souvent désarmé.

C'est dans de pareilles circonstances, et au milieu de ces difficultés incessantes, que dut vivre Métairie depuis 1834 jusqu'en 1849, et ce n'est rien hasarder que de dire que durant ces quinze années de labeurs, jamais l'homme ou le magistrat ne se sont démentis, et qu'au milieu des plus mauvais jours, quand il fallut lutter contre les ardentes passions qui troublèrent si souvent la sécurité de la ville et de son arrondissement judiciaire, jamais le calme ni la sérénité de son esprit ne l'ont abandonné, jamais sa fermeté ne lui a fait défaut, et l'on peut ajouter que nul n'était plus capable d'imposer aux mal intentionnés, même alors que l'insurrection n'éprouvait plus de résistance, que la loi et l'autorité légitime devaient passagèrement céder à la violence, et de faire redouter aux coupables dans un avenir prochain dont il n'avait jamais désespéré, la sévérité de la justice, dont il était l'organe impassible mais inexorable.

Et comme démonstration de ce qui précède, qu'il

nous soit permis de citer, au milieu de tant de faits qui feraient à juste titre l'orgueil de plusieurs, un épisode emprunté à un document auquel la main dont il émane, donne un caractère officiel :

« Quand éclata la révolution de février, la première pensée de Métairie, antipathique à toute idée de désordre et demeurée fidèle au gouvernement qu'il avait servi, fut de donner sa démission. Mais l'ordre social était menacé, les tempêtes qui se sont déchaînées plus tard se formaient déjà à l'horizon, les efforts réunis des hommes de cœur pouvaient seuls les conjurer. Rentrer dans la vie privée, où le conviaient l'indépendance d'une belle position et les saintes affections de la famille, laisser à d'autres les dangers de la lutte, c'eût été faire à son repos le sacrifice de son devoir. Il le comprit ainsi, et dès les premiers jours du mois de mars, il écrivait à l'un de ses amis : « Que nous » réserve l'avenir ? Je l'ignore ; malgré ma répugnance » à prendre part à un état de choses issu de la vio- » lence, et contre lequel protestent ma conviction et » mes principes, je reste à mon poste, car j'y vois » sinon beaucoup de bien à faire, du moins beaucoup » de mal à empêcher. »

L'occasion de mettre à profit cette généreuse résolution ne se fit pas attendre. Réveillés par les coupables prédications de la presse du temps, les appétits grossiers des masses demandaient enfin satisfaction...

Le 23 mars on apprend à Clamecy que plusieurs communes des départements de l'Yonne et de la Nièvre se sont soulevées et se dirigent en masse sur le château de Bazoge en proférant des menaces de pillage et de mort contre le propriétaire, M. de Vibray, auquel elles se proposent d'arracher ses titres des vastes propriétés forestières dont elles prétendent avoir été dépouillées par ses ancêtres. 700 hommes sont réunis, armés de tous les instruments de destruction qui leur sont tombés sous la main; le temps presse; la journée du lendemain peut éclairer de grands désastres. Métairie, accompagné de quelques courageux citoyens, court au poste du danger, qui est pour lui le poste du devoir et de l'honneur; il se porte sans hésiter au-devant de la multitude, l'affronte, la harangue et dominant les clameurs des plus forcenés, l'arrête un moment par l'autorité de sa parole. — Mais à un signal donné, les tambours couvrent sa voix, et la masse ébranlée de nouveau le déborde. Le dévouement de l'ancien procureur du roi grandit avec la situation; un sentier détourné le conduit au pied même des murs du château, et quand l'émeute arrive furieuse et enflammée par un premier succès, elle le trouve calme, mais décidé à lui en disputer les portes. Là, sous les menaces de toute nature, au milieu des fusils, des sabres, des haches et des fourches, il s'oppose résolument à l'invasion du château.

Des cris furieux demandent alors M. de Vibray, et de sourdes rumeurs accusent des projets d'incendie.

En présence de cette éventualité sinistre, Métairie résiste toujours, car il importe que le propriétaire, quelle que soit son énergie, ne se trouve pas dans ce moment aux prises avec la foule irritée. Celle-ci, étonnée de la résistance qu'elle rencontre et qu'elle ne peut s'empêcher de respecter, tant est grande l'influence exercée par un homme de cœur, se prête à une transaction.

Quelques hommes seulement pris dans la multitude pénétreront dans cette demeure qu'elle s'était promis d'envahir et de mettre à sac, comme au temps de la Jacquerie. Ceux-ci stipulent ses exigences. Il faut que M. de Vibray renonce par écrit à 250 hectares de bois, propriété légitime de sa famille, et s'interdise à jamais de faire valoir ses droits sur ces biens, que la violence et la cupidité supposent entachés d'usurpation ; mais c'est là une extorsion de signature, un crime puni par nos lois ; le courageux magistrat, chargé de les faire respecter, ne permettra pas qu'on les viole en sa présence. Il adjure donc M. de Vibray, quelle que soit la gravité des circonstances, de ne point obtempérer à l'acte de spoliation que l'on veut lui imposer ; et quand, pour éviter de plus grands malheurs, M. de Vibray, déterminé par les conseils de quelques amis, se résigne enfin à signer l'écrit dont une autre main a rédigé la teneur, l'officier du ministère public se retire, et pendant que le crime d'extorsion s'accomplit, il dresse dans la pièce voisine le premier acte de l'instruction qui, deux mois après, appelait sur les coupables un châtiment exemplaire.

A côté de cet acte de civisme si noblement caractéristique, nous ne pouvons résister au désir de placer un autre fait qui, tout en se rapportant à un ordre différent de temps et d'événements, peut donner cependant une appréciation exacte de la terreur salutaire que dans l'accomplissement régulier de la loi, Métairie inspirait aux méchants.

Appelé un jour pour constater un crime qui avait jeté l'effroi dans une commune voisine, il se présente à la porte de celui que désignait la clameur publique comme en étant l'auteur. Le coupable, qui l'a reconnu de loin, comprend à sa vue le sort qui lui est réservé, et cédant au désespoir en même temps qu'au cri de sa conscience, il se précipite du faîte de sa maison où il s'était réfugié et meurt en avouant son crime. — Triste et saisissant spectacle qui laissa pendant longtemps comme un voile, sa pénible image sur le cœur de Métairie, et dont lui-même racontait les détails avec un profond sentiment de compassion, car sous la robe du magistrat qui n'admettait aucune transaction avec le devoir, ce n'est pas à dire que l'on ne trouvât pas l'homme compatissant et bon, aussi facile à émouvoir au tableau de l'infortune que la loi le rendait sévère aux mauvaises actions. Que de voix, en effet, pourraient s'élever pour protester que bien souvent il est arrivé à la main qui venait de tracer un foudroyant réquisitoire, de s'ouvrir pour porter en secret, dans les familles pauvres de certains détenus, les secours dont elles étaient privées par l'emprisonnement des coupables !

Quand on a assisté à toutes ces choses et que l'on a vu à l'œuvre Métairie comme homme et comme magistrat, on se demande comment il a pu être laissé si longtemps enfermé dans ce cercle étroit de devoirs, dont l'accomplissement, si utile et si élevé qu'il puisse être, finit pourtant par fatiguer à la longue la patience la plus résignée. Etait-ce donc que son mérite fût ignoré ou méconnu ? Non ; car si, de près, l'opinion publique s'indignait de l'oubli apparent que l'on semblait faire de ses services, dans tout le ressort, surtout au chef-lieu de la Cour, chacun savait et répétait que le meilleur modèle à suivre pour les chefs de parquet, était le procureur du roi de Clamecy, plus haut encore on disait de lui que sa place était marquée parmi ceux qui doivent porter l'hermine, et c'était chez tous les pères des aspirants aux fonctions judiciaires, un désir ardent de voir leurs fils apprendre à son école les devoirs du magistrat, comme c'était pour les élus une bonne fortune et presque une faveur d'être placés sous sa bienveillante et intelligente direction.

A ceux qui ont été ses substituts il appartient de dire combien son commandement était doux et facile, combien ses instructions étaient sûres et éclairées, ses conseils fraternels, et avec quel empressement il relevait ce qui était bien chez ses subordonnés, comme il savait en faire valoir le mérite auprès des chefs auxquels il rendait compte fidèle des efforts, du zèle et de l'aptitude dont il était juge et témoin, et loin d'en tirer à leurs yeux le moindre avantage, il leur laissait ignorer le plus souvent ce qu'il avait écrit, et n'en parlait que lorsqu'il croyait le temps venu pour eux d'en revendiquer la récompense.

Mais là ne se bornaient pas ses préoccupations bienveillantes, et ni le temps ni l'éloignement ne pouvaient faire qu'il restât étranger au mouvement ascensionnel que suivait la destinée de ceux dont il avait apprécié autrefois la collaboration, et on le vit quelquefois se plaindre, avec autant de convenance que de sincérité, près de ceux à l'influence desquels il croyait pouvoir attribuer des préférences ou un oubli qui lui semblaient un manquement à l'équité et aux règles de la hiérarchie.

Car s'il avait à cœur de voir rendre à chacun ce qui lui était dû, selon ses mérites, on ne pouvait pas attendre de lui ces lâches complaisances, ni ces accommodements faciles qui passent par-dessus l'incapacité et quelquefois l'indignité du sujet quand il faut compter avec de puissantes recommandations.

Est-il besoin d'ajouter qu'oublieux de lui-même et ne cherchant d'autre récompense que la satisfaction du devoir accompli, il ne songeait à briguer ni les éloges ni l'avancement; et doit-on s'étonner que dans ces temps de favoritisme parlementaire, principal écueil de ce régime, Métairie ait attendu si longtemps pour lui-même le jour de la justice.

Il était de ceux, en effet, en qui domine par-dessus tout le sentiment de la dignité personnelle, et qui tiennent plutôt à honorer les amitiés illustres qui leur sont acquises, qu'à en escompter le bénéfice dans l'intérêt de leur vanité ou de leur ambition.

Aussi lorsqu'il reçut le brevet de chevalier de la Légion-d'Honneur, il n'y eut qu'un écho d'approbation, car chacun savait que cette distinction honorable n'était que la tardive récompense des services rendus, et quand beaucoup plus tard, c'est-à-dire en 1849, la nécessité de fortifier le parquet de Nevers, le plus important du département, lui en fit offrir la direction, il n'était ignoré de personne que si ce poste eût été l'objet des vœux de Métairie, il y eût été appelé depuis longtemps, et que s'il n'en manifesta jamais le désir, ce n'est pas qu'il le trouvât au-dessous de ses légitimes prétentions, car la conscience qu'il devait avoir de sa valeur n'ôtait rien à sa modestie, mais parce qu'il ne sut ni ne voulut jamais rien demander, et que d'ailleurs il eût fallu en déposséder un vieux magistrat sous lequel il avait fait ses premières armes et à qui il eût été difficile alors de donner une compensation honorable, et Métairie était un homme auquel aucun sentiment de délicatesse ne pouvait être étranger.

Mais ces scrupules généreux durent enfin céder devant le malheur des temps et les exigences du devoir qui avait été la loi de toute sa vie ; il lui fallut donc, à la retraite de son devancier, accepter ce poste auquel l'appelaient l'opinion publique et le vœu de la Cour. On savait bien que sur ce théâtre digne de ses talents allait s'ouvrir pour lui une ère nouvelle de travaux, de luttes et de glorieux succès.

C'était l'époque où les passions démagogiques, tenues en échec par la sage fermeté de l'Assemblée nationale et sentant déjà la main puissante du chef du pouvoir exécutif, refluaient plus ardentes dans les provinces et ne reculaient devant aucune provocation.

C'était le temps aussi de la publication de ces libelles audacieux où tout ce qui constitue la base de la société, tout ce qui fait l'objet du respect des hommes, la religion, la propriété, la famille étaient audacieusement attaquées; où le communisme et le socialisme essayaient d'introduire, sous le nom d'égalité, les règles d'un nivellement cynique et grossier, au-dessus duquel ne devaient s'élever en réalité que les capacités les plus équivoques et les individualités les moins recommandables ; où la fraternité, inscrite sur tous les frontispices, servait à déguiser l'envie et jeter le ferment de la haine entre les citoyens et les diverses classes de la société (1).

C'était contre ces prédications insensées, contre ces principes dissolvants plus funestes cent fois que la force brutale dont ils étaient les avant-coureurs, que devaient se diriger désormais tous les efforts de Métairie, tâche immense partout, mais engageant surtout dans notre pays une grande responsabilité, à laquelle il suffit avec une énergie et une force de volonté plus grandes encore.

A chaque page des archives judiciaires, de 1849 à 1852, on peut trouver la trace de ses labeurs courageux et persévérants ; à chaque session d'assises on le voit sur la brèche, aux prises avec la démagogie et ses dangereux auxiliaires, et le souvenir des luttes qu'il soutint alors avec autant d'éclat que de bonheur, est encore vivant au barreau de Nevers dont il avait su conquérir l'admiration et le respect.

(1) On peut citer entre autres et parmi ceux qui ont eu le plus de retentissement le pamphlet intitulé : *Guide du peuple dans les élections ou Socialisme expliqué à nos frères les travailleurs des villes et des campagnes*, par le citoyen *Malardier, instituteur, député à l'Assemblée nationale* pour le département de la Nièvre, condamné le 26 novembre 1849 par la cour d'assises de la Nièvre sur les réquisitions de Métairie, présidence de M. le conseiller Duliége ; défenseur, Michel de Bourges.

V. Dalloz, 49, 1re partie, 335,

Id., *Gazette des Tribunaux* du 1er décembre 1849.

C'étaient d'éminents services rendus au pays, mais le jour des solennelles épreuves n'était pas encore arrivé, et le magistrat devait bientôt sortir encore une fois du prétoire et, suivant l'expression du document où nous puisons ces nouveaux détails, redevenir comme au temps des barbares, le défenseur de la cité.

Le prince à qui la France avait instinctivement confié ses destinées, avait arrêté dans sa pensée le grand acte de son salut. Frappée au cœur, la démagogie voulut tenter un dernier effort pour ressaisir le pouvoir près de lui échapper. Les émissaires du socialisme allaient, s'abattant du nord sur le centre et le midi de la France, et prêchaient sourdement la révolte.

La Nièvre, où avait éclaté, avant le mot d'ordre révolutionnaire, le signal de ces tentatives criminelles, était alors une proie facile aux mauvaises passions, aussi avait-on préparé au sein même du chef-lieu un formidable complot qui avait pour but de soulever le département, après avoir dompté toutes les résistances de l'autorité et de la force légale. Des bandes armées se préparent à venir du dehors en aide au mouvement; le temps est précieux, il faut briser la sédition sous peine d'être vaincu par elle, et de voir répéter à Nevers, avec plus de danger encore, les scènes de violences dont Clamecy était la même nuit (5 décembre), à la même heure, le déplorable théâtre.

Aux premières données parvenues assez tardivement à l'administration, le chef du parquet, secondé par la force armée réunie à sa réquisition, sans perdre un moment, arrête de sa personne, à domicile, et retient pour ôtages les hommes de désordre les plus influents et les plus dangereux. Privée ainsi de sa direction, l'émeute se perd en manifestations stériles, les mesures de conservation commandées par la nécessité sont prises en même temps par l'autorité administrative, et devant l'énergie et le concours des bons citoyens organisés à la hâte, les bandes insurgées se dispersent, abandonnant leurs complices à l'action de la justice.

Ces actes répétés de courage et de dévouement avaient signalé depuis longtemps Métairie à l'attention de ses chefs et du gouvernement, mais si pénible que fût devenu pour sa santé l'exercice de ses fonctions militantes, il s'était promis de ne les résigner qu'après les jours de danger et lorsqu'il aurait mené à fin l'œuvre de réparation dont la haute direction lui avait été confiée; nous voulons parler des opérations de la commission mixte.

Celle de la Nièvre, à raison des proportions énormes que le désordre avait prises dans ce département, était assujétie à un fardeau qui semblait devoir dépasser la force de ses membres,— on comptait par milliers les individus compromis. C'est au chef du parquet habitué à diriger les instructions criminelles, qu'incombait naturellement la plus forte part du travail ; et quel autre que lui eût pu chercher, avec tant de moyens de la découvrir, la vérité au milieu de ce chaos de volumineuses procédures? Quel autre que cet esprit judicieux et ferme eût réussi à mettre de l'ordre dans la classification si nombreuse des prévenus? Quel autre n'eût été effrayé de la responsabilité qui pouvait ressortir des appréciations qu'il fallait exprimer?

Métairie apporta à ce travail gigantesque sa décision et sa netteté habituelles ; en quelques mois il avait réglé plus de quinze cents dossiers, et les conclusions de son rapport, toutes fondées sur les éléments les plus précis et l'équité la plus scrupuleuse, admises sans conteste, recevaient toutes leur exécution. L'examen religieux avec lequel il avait procédé à cette œuvre de conscience ne tarda pas à recevoir de l'opinion publique une sanction éclatante; c'est au département de la Nièvre qu'il appartenait, en effet, de donner au courageux citoyen dont la vigilance avait été si efficace pour les intérêts de tous, la noble récompense de son dévouement, et il fut porté d'acclamation pour ainsi dire au Conseil général par le canton de Donzy, comme autrefois la ville de Clamecy l'avait appelé au Conseil de la commune et à la direction de son hospice, en reconnaissance des services rendus par lui à la cité dans des circonstances non moins critiques, sinon aussi solennelles.

Les fonctions de secrétaire du Conseil général, qu'avait autrefois remplies pendant tant d'années et avec une si haute distinction Philippe Dupin, ne tardèrent pas à lui être confiées par le choix de l'Empereur. Digne successeur d'un tel maître que ses qualités tout exceptionnelles ont rappelé à tant d'égards, Métairie porta dans cette assemblée tout à la fois ce qui était l'essence de son organisation, la justesse de vues, et le sens pratique des affaires, fruits de son expérience. Ce qu'il y déploya de zèle et d'intelligence, les services qu'il y rendit, les regrets dont sa perte y a été suivie, le disent assez haut; ce fut là une nouvelle phase dans sa carrière, phase trop courte mais honorable et utilement remplie comme toutes les autres, et qui a consacré une fois de plus ses titres à l'estime et à la reconnaissance de ses concitoyens.

Ainsi qu'il arrive des disgrâces, les événements heureux s'enchaînent, et Métairie, désigné pour tant de causes à l'attention publique, ne pouvait être retenu loin de la Cour où sa place était marquée depuis si longtemps. Ce fut au mois d'avril 1852 qu'il vint s'asseoir dans les rangs de la magistrature supérieure, précédé d'une notoriété qui aurait été un péril pour tout autre. Mais là comme dans toutes les régions qu'il avait déjà traversées, il prouva bientôt qu'il était de ces hommes qui, quelles que soient les exigences de l'opinion à leur égard, donnent encore au-delà de ce qu'on peut en attendre ; c'est là que l'on vit se développer avec plus d'éclat les qualités de premier ordre dont il avait précédemment donné la mesure sur un théâtre moins élevé, mais non moins fécond en questions délicates et importantes, mais c'est surtout dans les débats des affaires criminelles que se révélait une supériorité qu'expliquent les habitudes de toute sa vie, aidées d'une merveilleuse intuition. S'il était permis de le suivre dans cette nouvelle période de fonctions délicates, il nous faudrait énumérer toutes les qualités éminentes que doit posséder un président d'assises pour être à la hauteur de cette imposante mission, car ces qualités, Métairie les possédait toutes au plus haut degré. Nous ne croyons pouvoir mieux faire pour résumer notre pensée, que de répéter ce jugement émané d'une autorité plus compétente que la nôtre, et mieux placée pour apprécier et caractériser son talent incontesté : *Il n'était aucun de ses émules qui ne profitât de ses exemples.*

Il y a des hommes considérables chez lesquels une sévère critique a pu trouver des ombres au milieu de l'éclat qu'ils ont jeté sur leurs contemporains ; il en est plus d'un que l'on a pu accuser avec quelque apparence de raison, d'inconsistance politique ou même d'infidélité à leurs anciens principes, pierre de touche inexorable, au contact de laquelle se forme l'opinion. Dans une sphère moins élevée, mais non moins exposée à l'envie, Métairie n'a jamais eu à redouter l'examen le moins indulgent sur ces questions irritantes.

On l'a vu, malgré son antipathie pour le gouvernement républicain, faire le sacrifice de ses répugnances personnelles et rester à son poste pour conjurer les progrès du mal prêt à envahir la société ; lorsque quelques années plus tard il fallut choisir entre les hasards d'une situation que l'incorrigible égoïsme des partis rendait désespérée, et l'acte décisif qui assurait le respect des lois et la protection de tous les intérêts, Métairie, sans renier ses sympathies, n'hésita pas à se ranger du parti de la France, ne cédant ni à un enthousiasme rétrospectif ni au prestige du nom, malgré sa sincère admiration pour les choses du passé, mais réunissant dans un sentiment commun le pays et l'homme que la Providence semblait avoir suscité au milieu de nos calamités publiques, le meilleur, le plus sûr des dévouements, celui que l'on retrouve toujours dans les cœurs d'élite lorsque vibre la fibre nationale, quand la gloire, la prospérité ou *les dangers de la patrie* réclament les vœux et le concours de tous ses enfants.

Il n'était pas, en effet, de ces esprits chagrins toujours enclins à se prendre d'une passion subite pour ce qu'ils *ont blasphémé* la veille, ou qui sous le prétexte du plus honorable des principes, la *fidélité au malheur*, ne reculeraient, par la pensée du moins, devant aucune conséquence, les désastres du pays dussent-ils servir d'étapes, encore une fois, au triomphe passager de leurs convictions ou de leurs doctrines.

Mais s'il était ferme dans l'observance et la pratique des siennes, il ne demandait compte à personne d'une opinion contraire, à moins que cette opinion ne se traduisît en actes criminels. Respectant chez les autres l'indépendance de la conscience qu'il revendiquait pour lui-même, c'est à cette tolérance patiente et sage qu'il faut demander le secret de l'estime et du respect que n'ont pu lui refuser les partis exclusifs, et cette modération qu'il apportait dans le commerce de la vie, était une conséquence de la bienveillance native qui était le fond de son caractère, car si le devoir le rendait parfois sévère, la nature l'avait fait doux et inoffensif. Il n'est personne qui, le voyant libre du soin des affaires et affranchi des obligations de sa fonction, n'ait été frappé du charme et de l'aménité de son entretien, tour à tour empreint d'une fine gaieté et de la plus solide raison. Il semble que ce soit pour lui qu'ait été écrit ce qu'une célébrité contemporaine sortie de la même école que Métairie, disait, il y a quelques jours, au sein d'une illustre assemblée, d'une autre célébrité :

Il avait l'ironie enjouée, le mordant sans fiel, le trait qui effleure et ne blesse jamais. Enfin comme l'aimable et spirituel académicien si délicatement loué par M. Sandeau,

Il avait aussi les qualités sérieuses qui font les affections durables.

Aussi ces affections ne lui ont-elles pas manqué, ni dans les sommités de la magistrature et de la politique, ni dans le sein des compagnies dont il a été une des lumières, ni dans la société qu'il ne recherchait qu'avec réserve, ni dans le cercle plus circonscrit de la famille, où il se trouvait le plus à l'aise, tant à cause de la simplicité de ses goûts, qui n'excluait pas toutefois l'élégance, que parce qu'il pouvait mieux s'y livrer à l'expansion de son esprit et de son cœur.

Les regrets publics qui ont éclaté parmi ses collègues, à la Cour, au Conseil général, partout enfin où il a passé, le vide éternel que laisse à son foyer sa fin prématurée, témoignent mieux que ne feraient les paroles les plus éloquentes, combien il était resté fidèle à toutes ses affections, et combien le bonheur était facile autour de lui sous la sage direction et la tendre sollicitude du chef de famille.

Et cette fin si peu attendue n'a-t-elle pas été le couronnement de tout son passé, et ceux qui ont assisté à ses derniers moments, à ces moments suprêmes où l'homme se sent plus immédiatement sous la main de Dieu, n'ont-ils pas vu Métairie sortir de cette dernière épreuve avec la résignation chrétienne que l'on devait attendre de celui qui avait traversé si courageusement tant d'autres épreuves et donné tant d'autres exemples du devoir religieusement accompli.

Que n'a-t-il été donné à son fils de vivre plus longtemps à l'école d'un tel père, que n'a-t-il pu du moins le posséder assez pour avoir toujours présent le souvenir de ses vertus publiques et de ses vertus privées, plus précieuses encore! — Cette image vénérée sera une règle vivante pour les siens; ils garderont avec respect les enseignements de cette vie si exemplaire et comprendront que ces enseignements obligent les familles qui les reçoivent, comme on le disait autrefois des traditions de la vraie noblesse.

Heureux les enfants auxquels leur père a laissé un pareil héritage d'honneur; heureuse la mère, heureuse au milieu de sa douleur, l'épouse qui peut dire avec une légitime fierté à ses fils : Voilà ce qu'a fait votre père, voilà ce que vous devez faire pour être honorés comme lui.

www.ingramcontent.com/pod-product-compliance
Lightning Source LLC
Chambersburg PA
CBHW062003070426
42451CB00012BA/2570